Isabelle THOMAS
Monica COMPANYS

illustrations de David OHANA

ENCORE !

jouer, chanter, et... signer avec bébé

1

bébé adore ça !

www.monica-companys.com

Achevé d'imprimer en avril 2013 sous les presses de
Imprimerie CONNIVENCE
16 boulevard de l'Épervière - Parc d'activités Angers-Ecouflant - 49000 ECOUFLANT

dépot légal 3ème trimestre 2009
ISBN 2-912998-37-9

PARLER AVEC LE CORPS ET LE VISAGE

Isabelle THOMAS

Heureuse maman de Manon (5 ans) et Raphaël (23 mois).
La découverte des signes a été une révélation pour moi et depuis que notre maison s'est remplie de signes, nous sommes plus heureux !
Manon et Raphaël communiquent souvent en signes ensemble et je les vois très complices, ça me fait chaud au cœur. Raphaël a pris son temps pour s'approprier les signes, ça ne l'intéressait pas beaucoup il y a encore quelques mois, j'ai respecté son rythme et son choix, tout en continuant à signer les mots principaux quand je m'adressais à lui et aujourd'hui, il ne s'en passe plus ! C'est lui que me sollicite et me demande beaucoup de nouveaux signes (surtout sur la nourriture et les animaux) et il est très fier de pouvoir se faire comprendre.
Notre maison est sereine, chacun y trouve sa place et peut s'exprimer. Grâce aux signes, est née entre nous une grande complicité et un échange riche et joyeux !

Monica COMPANYS

Maman sourde de deux grands enfants.
Mes fils sont entendants mais j'ai toujours communiqué avec eux en signant. J'étais surprise quand ils étaient bébés, ils avaient le privilège de s'exprimer plus que les autres enfants grâce aux signes. Et, j'ai envie d'en faire profiter tous les bébés.
J'ai un seul regret : je n'ai pas assez joué avec eux autour des comptines mais je compte bien me rattraper avec mes petits-enfants.
Amusez-vous bien !

David OHANA

Illustrateur, entendant,
Mes parents puis mes grand-parents maternels sont sourds. Fils aîné (2 petites sœurs), la langue des signes a été ma langue maternelle, mes premiers mots : *papa*, *maman*, *poulet*, *nuit*, *dodo*, je les ai dit en langue des signes, la langue orale est venue un peu après par la télévision et la famille puis à la crèche.
Je suis graphiste, tout comme mon père, c'est de lui que je tiens ma passion pour le dessin et l'image. Ce métier me permet de toucher à tout : l'illustration, le web, le print, la vidéo. Mais aussi je cherche à faire partager la langue des signes et la culture sourde.
Ce livre est pour moi une opportunité, de plus, il touche un public entendant dès son plus jeune âge.
C'est formidable que, très tôt, des enfants puissent être sensibilisés à cette langue gestuelle, aux personnes sourdes, de manière ludique et naturelle.

SOMMAIRE

Remerciements

Bénédicte FABERT - Carine DEJUSSEL - Chantal NEEL

sommaire

PARLER AVEC LE CORPS ET LE VISAGE

CHANTER DES COMPTINES

PROFITER DES MOMENTS PROPICES

sommaire

RETROUVER LES COMPTINES

FAIRE UN JEU

CHOISIR DES SIGNES

EN SAVOIR PLUS

PARLER AVEC LE CORPS ET LE VISAGE

7

« les petits gestes tendres sont aussi importants que les mots. »

1. Pourquoi ? Comment ? Quand ?

* Quand on communique avec son corps et par les mimiques du visage avec bébé, il se crée une grande complicité : on se comprend !

* La gestuelle, on l'utilise déjà spontanément : qui n'a jamais fait *la petite bête qui monte* en bougeant ses doigts et en les faisant remonter jusqu'au cou de bébé, tout en souriant pour le faire rire ?

* C'est aussi tout naturellement qu'on se penche pour se mettre au niveau de bébé pour faire *les marionnettes* en faisant pivoter les poignets, pour l'amuser, et, avouons-le, ça fait du bien de retrouver l'enfant qui est en soi.

* Pour bébé, c'est visiblement un *double plaisir* de regarder nos mains et les mimiques de notre visage, en plus d'écouter notre voix.

On se fait plaisir mutuellement !

PARLER AVEC LE CORPS ET LE VISAGE

9

* Les mots dits à bébé sont simples, et les gestes qui les accompagnent sont nouveaux : c'est un jeu pour lui !

* Certes, tout le monde sait faire *la petite bête qui monte* ou les *marionnettes*, ... mais on peut se sentir limité dans la gestuelle ...

* Or, il existe des *gestes* qu'on appelle des *signes*, issus de la langue des sourds, qui ont une signification.

Autant en profitez !

2. Avantages à utiliser les signes

* Bébé va prendre goût à regarder les signes alliés à la parole, ce qui va énormement améliorer le contact visuel, et donc la *communication*.

* Le regard est une aide précieuse.

* Quand on signe à bébé, on montre une intention, et bébé peut en prendre conscience.

* Les signes aident à comprendre le langage adressé à l'enfant car bébé peut faire le lien entre le mot et son sens.

* Les signes servent de *pont* entre le concept et le mot car *l'image du signe* est plus proche du concept que le mot, et est très aisement compris par bébé.

* On a toujours estimé que bébé ne comprend pas. C'est faux, bébé comprend tout, il sent, et pourrait le dire... Dommage de devoir attendre plus ou moins deux ans pour qu'il puisse parler pour être compris. En attendant, il a la capacité de faire bouger ses mains et aussi d'imiter. ***Bébé peut enfin exprimer ses besoins et ses envies avec ses mains.***

En fait, lui parler en accompagnant les mots de gestes permettra à bébé de s'approprier la gestuelle pour la restituer quand il en a aura besoin.

Il sera compris, donc il sera moins frustré !

On a *tout à gagner* à faire des gestes en même temps que la parole, pour que bébé puisse les reproduire avec ses petites mains.

Témoignage de Monica

Pour Sébastien, je m'appliquais à signer clairement PIPI, GÂTEAU, DORMIR, ENCORE, FINI, MANGER, CACA, CHANGER, MAMAN, PAPA, MIGNON, AIMER, *sans trop m'attendre à ce qu'il m'imite, mais, à ma grande surprise, à l'âge de 6 mois, il m'a demandé un gâteau en signes !*

Je me suis trouvée toute bête d'avoir tellement simplifié : il pouvait assimiler bien plus de signes que je ne lui en faisais...

Si bien qu'avec Gaby, mon deuxième, je signais tout naturellement, sans m'appuyer sur les mots. Gaby a commencé à produire des signes dès 8 mois, et son vocabulaire m'étonnait car je pensais qu'il n'avait pas capté.

Alors, plutôt que d'inventer des gestes, il existe ceux qui sont utilisés par les sourds :

la **L**angue des **S**ignes **F**rançaise

* Pas de panique : on n'a pas besoin de prendre des cours de LSF pour communiquer avec bébé.

* On ne fait pas de phrases en LSF, on se borne juste à y piocher quelques mots.

* On dira que ce sont des signes, plutôt que des mots.

* Faire des signes, c'est *signer*, c'est à dire parler avec les mains comme le font les personnes sourdes.

* Mais rien n'empêche, par la suite, de s'intéresser davantage à cette langue visuelle et gestuelle, d'apprendre à connaître les sourds et leurs signes. Il faudra alors chercher une association de sourds dans votre ville, qui dispense des cours ou des stages de LSF.

* Dans l'immédiat, on vous invite à utiliser quelques signes de la LSF en même temps que vous chantez des comptines, et même quand vous accompagnez les échanges verbaux avec bébé dans son quotidien et dans ses différentes activités.

* À force de signer - parler avec les mains - bébé va naturellement saisir cette gestuelle, qui est plus facile à reproduire que la parole ; il va se l'approprier pour faire comprendre ses désirs.

* Les signes essentiels seront appris, puis répétés à maintes occasions.

Par exemple : le signe ENCORE se fait en faisant toucher les doigts de la main dans la paume de l'autre main.

* Vous le reproduisez plusieurs fois, comme une gymnastique des doigts, et, nous le savons, on arrive à une souplesse satisfaisante en recommençant le mouvement 20 fois plutôt que 3 fois ! ...

* Ensuite, ce signe ENCORE, faites-le chaque fois que vous le direz, en même temps.

tu veux ENCORE un bisou ?

tu veux ENCORE boire ?

tu veux que je chante ENCORE ?

3. Comment commencer ?

On vous invite à :

* Choisir un mot, un que vous employez souvent, ou un mot qui vous plaît.

* Lire l'explication technique indiquée pour exécuter correctement le signe.

* S'entraîner ensuite à refaire ce signe, au moins trois fois… jusqu'à se sentir à l'aise. Ça ne prend que quelques minutes !

* Associer le signe fraîchement appris chaque fois que vous dites le mot, afin d'arriver à conditionner l'automatisme mot-dit-et-signé en même temps.

* Penser que, pour signer, il faut être en face de bébé, de façon à ce qu'il voit bien les signes que vous lui faîtes.

* Bébé va regarder, s'habituer au signe. Et le jour où bébé fera le signe, ce sera sûrement un moment magique !

* S'il vous arrive d'oublier de signer, le mot que vous dites à bébé, surtout ne vous cupabilisez pas. Il y a des jours où on n'a pas envie de signer, et des jours où on signe beaucoup ! …

L'essentiel est de se faire plaisir en signant.

Ce ne doit pas être une corvée, mais un jeu !

Un des moments où on est disposé à parler et signer en même temps, et où bébé est attentif : quand on change sa couche.

Bien sûr qu'on peut signer avec une seule main, si l'autre tient bébé !

Même quand vous êtes loin, un petit signe est apprécié !

4. Bébé performant : non
Bébé joueur : oui

* Les signes sont toujours accompagnés de la parole, *comme un surligneur*. Bébé voit, mais il entend aussi la voix, et cela ne l'empêchera pas de parler.

* Un bébé signeur n'est pas un petit génie, c'est tout simplement un bébé qui peut être compris et qui peut exprimer ses envies.

* Bébé signe s'il en a envie et éprouve le besoin de le faire : c'est un outil de communication.

* Bébé a aussi le plaisir de faire des gestes pour imiter maman ou papa.

* Les signes pour bébé lui permettent donc de communiquer et de jouer.

5. Comment oser faire des gestes ?

* Si vous avez peur du regard des autres, de vous sentir ridicule, au pire commencez à la maison, en tête à tête avec bébé.

* On n'a pourtant pas peur de taper des mains pour dire *bravo*, d'agiter les mains en l'air pour les *marionnettes*, de plier tous les doigts de la main pour dire *au revoir*, de remuer les doigts comme les pattes de l'araignée pour faire *la petite bête qui monte*, etc. !

Quand on voit que ça fait plaisir à bébé,
on a envie de recommencer !

* De plus, en la pratiquant régulièrement, on s'habitue à la gestuelle, et plus on la pratique, plus on prend confiance et moins on est gêné de la pratiquer devant d'autres "grandes personnes".

* Si les autres regardent votre communication avec les mains et les mimiques du visage, c'est qu'ils sont curieux et intéressés !

* **C'est déjà un peu naturel d'exagérer les mimiques du visage face à un bébé. Il faut cultiver ce côté instinctif, car on sent que bébé capte et sent l'intention qu'on lui exprime.**

Témoignage de Patricia

Cela n'est pas toujours facile de signer devant les autres, on se demande comment cela va être perçu. On a même l'impression, au début, que tous les regards se braquent sur nous. Puis, on s'habitue et on se rend compte que les gens nous regardent par curiosité et que ça les intéresse ! Je crois, tout simplement, qu'étant persuadée du bénéfice de cette communication, cela devient plus naturel de signer et aujourd'hui, j'ai même envie de partager avec d'autres. Les signes sont une aide précieuse pour l'expression de ma fille Montaine.

CHANTER DES COMPTINES

21

« Le matin en te réveillant, souris et chante une chanson heureuse, surtout si tu es triste. »

1. Pourquoi ?

* Chanter permet de libérer les tensions et les émotions, tout en apportant énergie et bonnes ondes. Le chant, même s'il se limite à de simples vocalises, permet en effet au corps de lâcher prise.

* De plus, chanter fait travailler le souffle. Le mode de vie actuel fait qu'en devenant adultes, nous passons à une respiration beaucoup plus superficielle. En travaillant sur le souffle, nous diminuons les angoisses, nous améliorons la concentration, nous retrouvons un meilleur équilibre général, une nouvelle confiance en nous.

* Les sons graves agissent sur le bas du corps et ont un effet relaxant.

* A l'inverse des sons aigus se concentrent sur le haut du corps et ont davantage un effet dynamisant.

C'est un moment de détente, et de bien-être.

* Les comptines chantées, berceuses, et jeux tactiles, participent à l'éveil des tout petits.

* Chanter à son enfant, c'est entrer en contact avec lui, lui dire votre amour, votre attente ou vos désirs.

* Les comptines, qui font travailler le balancement et le bercement, sont essentielles au développement dynamique de l'enfant.

* Les comptines qui se font en rythme sont appréciées de bébé.

* Les chansons et comptines transmettent le plaisir des mots aux enfants. C'est une préparation à la lecture et à l'expression.

C'est un moment d'émotion et de partage.

2. On s'amuse à chanter

* Il ne s'agit pas d'apprendre à chanter, mais de se faire du bien, tout simplement, ... et dans la bonne humeur.

* Regardez bébé quand vous chantez : il ne reste pas indifférent, ça le fascine : bébé aime entendre chanter.

* Bébé est sensible aux sons. Maman et bébé sont des êtres humains, donc qui émettent des sons et ressentent des vibrations.

3. Oser chanter et se lancer

* Retrouvez le plaisir de chanter les chansons de votre enfance avec votre bébé.

* Quand on ne connait pas l'air, on improvise des vocalises sur un air qui plait... Petit à petit, on ajoute des mots, on invente un rythme, ou on calque un air d'une autre chanson sur les paroles.

* C'est une bonne occasion pour demander aux grands-parents ce qu'ils chantaient à leurs enfants et de retrouver des chansons et comptines traditionnelles.

* Si l'inspiration n'est pas au rendez-vous, on peut écouter des CD de comptines et fredonner quelques airs avec bébé

Témoignage de Isabelle

Avec Manon, je n'ai jamais pensé à chanter quand elle était bébé, et depuis que je signe avec mon deuxième bébé Raphaël, je me suis rendue compte que les comptines étaient un super support pour communiquer avec lui. Maintenant qu'il a 22 mois, il chante de lui-même et réclame beaucoup de chansons sur les animaux, sa passion ! Je me suis rendue compte que les comptines apportaient beaucoup de joie dans notre maison, et avec les signes en plus, nous nous amusons beaucoup !

4. Double plaisir de la vue et de l'ouïe

* Lorsqu'on communique avec un bébé, ce n'est pas le même mode de communication qu'on utilise entre adultes. On se met à sa hauteur, face à lui, on fait des mimiques, on change sa voix (elle est souvent plus aigüe que d'habitude) et on essaye d'y mettre le ton comme quand on raconte une histoire, par exemple.

* Quand on lui chante une comptine et qu'on signe les mots principaux, il retrouve là tout ce qu'il aime: notre voix, qui pétille, et qui donne du sens aux paroles, et les signes, qui apportent eux aussi du sens aux mots et qui donnent à la comptine son rythme !

Témoignage de Sophie

J'ai participé à un atelier de signes avec mon bébé et j'ai été vraiment surprise de voir l'attirance qu'ont les enfants pour les chansons ! Ils jouaient tous dans leur coin et dès qu'on se mettait à chanter, ils stoppaient tous leurs activités pour s'approcher de nous et nous regarder signer et chanter ! Après chaque chanson, plusieurs signaient ou disaient : « Encore » et on recommençait tous ensemble ! C'était un moment magique !

*** Quand bébé pleure, lui fredonner un petit air peut l'apaiser et le rassurer. On le prend contre soi et le berce doucement, il retrouve alors les sensations qu'il avait lorsqu'il était dans le ventre de sa maman. Il reçoit les vibrations de la chansonnette et on peut accompagner notre air de petites caresses sur sa tête.**

Discussion entre deux mamans :

- Qu'est ce qui est le plus important entre entendre et voir, pour un bébé entendant?

- Je pense qu'un bébé observe beaucoup et pour lui, voir est très important ! Les sons ne veulent pas dire grand chose pour lui au début. Petit nourrisson reconnait très vite le visage de maman, de papa, du monde qui l'entoure!

- Ah oui ?!.. euh moi je pense qu'au contraire le bébé est très sensible au son, déjà avant la naissance et que ça passe avant la vue.

- As tu essayé de faire la comptine avec les signes mais sans la voix, et tu recommences avec la voix ?

- Oui c'est vrai!!! c'est le son !

- Et quand tu lui parles et que le chien aboie ou qu'une porte claque, est ce que bébé détourne la tête dans la direction du bruit ?

- Oui !

- En premier, je pense qu'un bébé ressent ! Ce sont des éponges et je me souviens que les 6 premiers mois de Manon ont été difficiles pour moi. Je n'en parlais pas, mais elle faisait des terreurs nocturnes parce qu'elle ressentait mon chagrin !

- Donc en premier l'ouie, en deuxième la vue

- Je dirais 1 : ressenti, 2 : ouie, 3 : vue

PROFITER DES MOMENTS PROPICES

« Profite de chaque moment qui passe comme si c'était un bonbon délicieux ! »

- BONJOUR, tu as fait de beaux RÊVES ?
- Un petit BISOU !

- Chut ! ton LAPIN dort !
- Papa DORT
- ... *(nom d'une autre personne)* DORT
- Le chat ... *(nom de l'animal)* DORT
- Le chien ... *(nom de l'animal)* DORT

bébé se réveille

Bonjour à tous les copains du lit

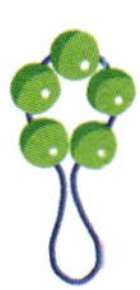

- BONJOUR lapin !
- BONJOUR ours !
- BONJOUR canard ! ...

PROFITER DES MOMENTS PROPICES ... bébé se réveille

BONJOUR

BISOU

SIGNES

RÊVER

LAPIN

MONSIEUR L'OURS

Monsieur l'OURS ! RÉVEILLE-toi
Tu as bien trop DORMI comme ça
Attention au bout de trois
Monsieur l'OURS s'ÉVEILLERA
Un, deux, trois !

DORMIR

SIGNES

SE RÉVEILLER

OURS

- Mon petit bébé n'aime pas être tout MOUILLÉ
- Viens, on va CHANGER la couche
- Oh ! le petit PIPI !
- Oh ! le gros CACA !
- Voilà une COUCHE bien propre

bébé et sa couche

Avec les pieds de bébé

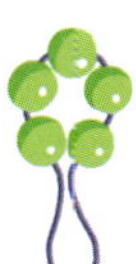

Tape, tape, tape,

applaudir avec les pieds de bébé

Pique, pique, pique

tapoter la plante du pied avec les orteils de l'autre

Roule, roule, roule

faire pédaler les jambes de bébé

PROFITER DES MOMENTS PROPICES ... bébé et sa couche

CACA

PIPI

CHANGER

SIGNES

MOUILLER

COUCHE

FAIS PIPI SUR GAZON

Fais PIPI sur le gazon
Pour EMBÊTER les COCCINELLES
Fais PIPI sur le gazon
Pour EMBÊTER les PAPILLONS

PIPI

COCCINELLE

SIGNES

GAZON

SE MOQUER - EMBÊTER

- Papa est parti préparer le BIBERON
- Tu as envie de TÉTER
- Viens tout contre MAMAN
- Je vais te donner ton LAIT

bébé tète

Bisous avec une serviette

Essuyer la bouche avec une serviette et faire les trois bisous différents :

- **Bisou de chat** *haut-bas comme le chat lape*
- **Bisou d'oiseau** *tapoter sur la bouche*
- **Bisou d'escargot** *glisser sur la bouche*

TÊTER

LAIT

SIGNES

BIBERON

MAMAN

BÉBÉ A BIEN MANGÉ

Bébé a bien MANGÉ
Bébé a bien BU
Bébé n'EN PEUT PLUS (--> REPU)

BOIRE

MANGER

SIGNES

REPU

- Qu'est ce qu'on va MANGER ? de la PURÉE ?
- En dessert, il y a de la COMPOTE

- Est-ce que tu veux du PAIN ?
- C'EST BON ?
- Tu en veux ENCORE ?
- Un GÂTEAU ?
- MERCI

bébé

mange

La cuillère

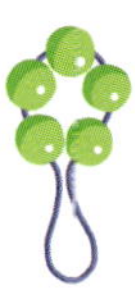

Chaque cuillerée est un véhicule qui entre dans la bouche de bébé.

L'avion qui attérit

Le train qui rentre en gare

La voiture qui rentre dans le garage

PROFITER DES MOMENTS PROPICES ... bébé mange

MERCI

C'EST BON

SIGNES

PAIN

PURÉE

COMPOTE

GÂTEAU

MA SERVIETTE, MON ASSIETTE

Ma SERVIETTE, mon assiette,
Ma FOURCHETTE, et mes SPAGHETTIS
Tournent en ROND en peloton
Hum, C'EST BON,
J'ai tout ENGLOUTI ! *(--> FINI)*

PROFITER DES MOMENTS PROPICES ... bébé mange

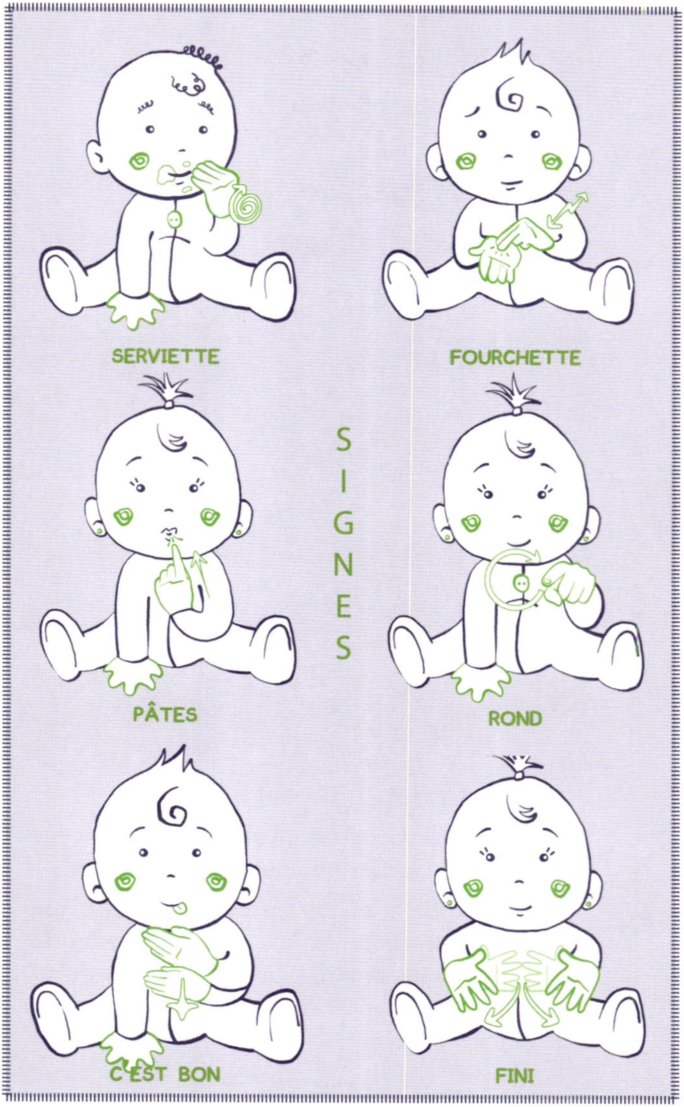

- Tu as bien JOUÉ mon bébé
- Tu as bien MANGÉ aussi
- Tu as l'air FATIGUÉ
- Que dis-tu d'une petite SIESTE ?
- Après on jouera ENCORE !
- Maman t'ATTEND

bébé fait la sieste

Massage papillon

Quand bébé est couché, avec votre index, vous pouvez dessiner un papillon sur son visage.

Point de départ : le nez, vous remontez sur son front, puis arrondissez les ailes du papillon le long de sa joue droite, puis remontez jusqu'au nez. Dessinez ensuite la 2ème aile du papillon sur la joue gauche.

PROFITER DES MOMENTS PROPICES ... bébé fait la sieste

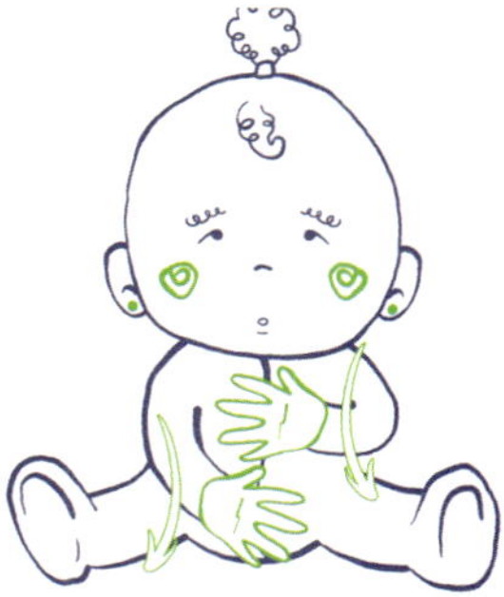

FATIGUÉ

SE REPOSER

SIGNES

DOUDOU - TÉTINE

ATTENDRE

MON CHATON DORT

Mon CHATON DORT
sur un coussin ROND
Mon OURSON DORT
sur un coussin long
et toi ? tu dors OÙ ?
dans ton lit tout DOUX

CHAT

DORMIR

SIGNES

ROND

OURS

OÙ

DOUX

- Papa et maman vont au BOULOT (ou TRAVAIL)
- Les grands vont à l'ÉCOLE
- Les bébés vont à la CRÈCHE (ou chez la NOUNOU) pour JOUER avec les copains

Saute, trotte, marche, tourne

Sur le chemin de la nounou ou de la crèche, bébé est dans nos bras, on lui dit :

À la crèche (ou chez la nounou),
on y va comme ci ... *on sautille*
on y va comme ça ... *on trotte*
À la crèche, (ou chez la nounou),
on y va comme ci ... *on marche tout doucement*
on y va comme ça ... *on tourne sur soi-même*

PAPA

MAMAN

SIGNES

NOUNOU

TRAVAIL

ÉCOLE

À LA CRÈCHE DE BÉBÉ

À la CRÈCHE de ... *nom de bébé*
On accueille TOUT LE MONDE
Du MATIN jusqu'au SOIR qui tombe
Les enfants JOUENT et font des rondes
À la CRÈCHE de ... *nom de bébé*

JOUER
CRÊCHE
SIGNES
MATIN
SOIR
TOUT LE MONDE

Saisir l'opportunité d'une promenade avec bébé, dès qu'il le peut, bébé pointe du doigt ce qui l'intéresse et en particulier les animaux.
On peut alors lui dire :

- Oh, regarde le CHAT, il fait miauou...
- Regarde l'ESCARGOT, il est tout CONTENT parce qu'il vient de PLEUVOIR...
- Oh, tu as vu le petit CHIEN ! Il est couché, il DORT, au SOLEIL
- Oh ! la jolie FLEUR !

bébé découvre un animal

La petite bête qui monte

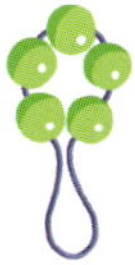

Faîtes glisser votre main qui imite les pattes d'une petite bête des pieds jusqu'au cou de bébé en disant :

La petite bête qui monte,
qui monte, qui monte...
guiliguiliguili

votre voix devient de plus en plus aigüe

OISEAU

FLEUR

SIGNES

PLUIE

SOLEIL

PETIT ESCARGOT

Petit ESCARGOT
Porte sur son dos *sur l'épaule*
Sa MAISONNETTE
Aussitôt qu'il PLEUT
Il est tout HEUREUX
IL SORT SA TÊTE *libérer l'index et le petit doigt*

ESCARGOT

MAISON

SIGNES

PLUIE

CONTENT - HEUREUX

- Comme on est bien à la MAISON
- ÇA FAIT DU BIEN de se retrouver en famille !
- PAPA est là,
- MAMAN est là,
- ... *(nom de l'animal)* est là,
- Et ... *(nom de bébé)* est là aussi
- Peut-être que PAPI et MAMIE vont venir nous rendre visite !

bébé en famille

Coucou !

Jouer à cache-cache avec bébé, tout simplement en mettant vos mains devant votre visage, pour le cacher puis écarter les mains pour faire coucou à votre bébé.

Pour varier les plaisirs, vous pouvez baisser vos mains, ou les déplacer sur le côté pour faire coucou.

PAPI

MAMI

ÇA FAIT DU BIEN

J'AIME PAPA

J'AIME PAPA, J'AIME MAMAN
Mon p'tit CHAT, mon p'tit CHIEN,
Mon p'tit FRÈRE
J'AIME PAPA, J'AIME MAMAN
Mon p'tit CHAT, mon p'tit CHIEN,
Et mon gros ÉLÉPHANT

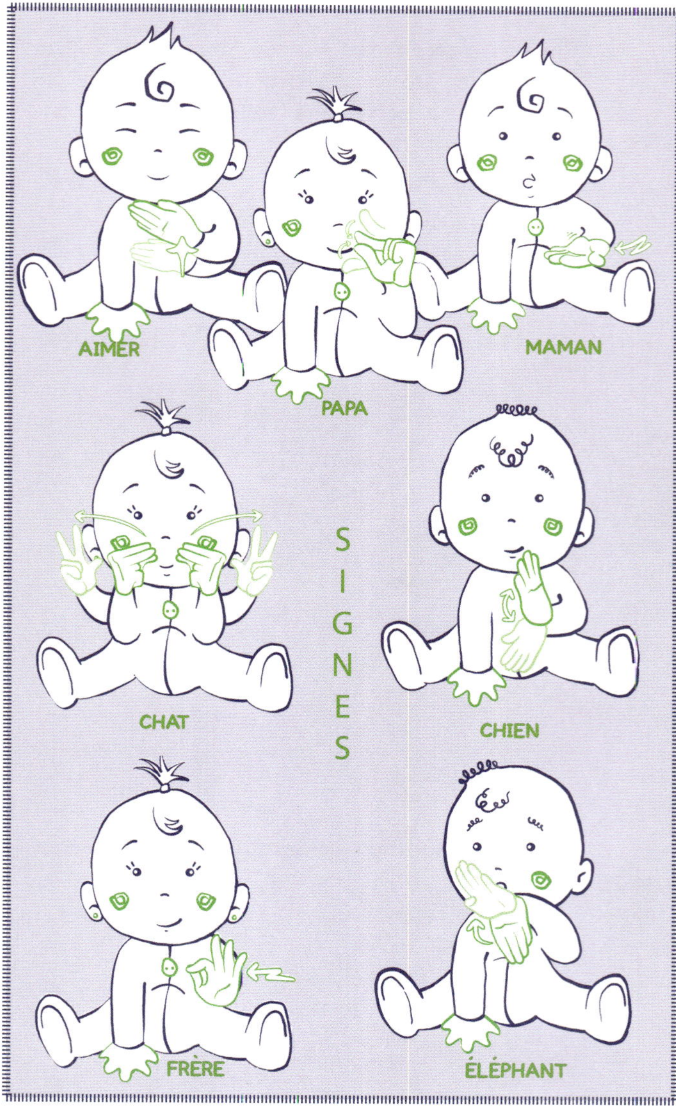
AIMER
PAPA
MAMAN
CHAT
SIGNES
CHIEN
FRÈRE
ÉLÉPHANT

Chaque moment de jeu est propice à utiliser les signes. On peut faire le signe d'un jeu qui intéresse bébé, une voiture, un livre, une poupée, un petit hochet souris...etc...

- OÙ est la TORTUE ?
- Tu JOUES avec le petit CHAT ?
- Tu regardes un LIVRE ?
- Tu veux ENCORE jouer ?

Il est où ?

On cache sous un coussin, un petit jouet de bébé :

- Oh ! il est OÙ ?
- Il est CACHÉ !
- Tu le CHERCHES !
- BRAVO, tu l'as TROUVÉ !
- ENCORE ?

SIGNES

BRAVO

CHERCHER

ENCORE

OÙ

CACHER

JOUER

LA FAMILLE TORTUE

JAMAIS on a VU

JAMAIS ON NE VERRA (--> IMPOSSIBLE)

La famille TORTUE COURIR après les RATS

Le PAPA TORTUE

La MAMAN TORTUE

Les ENFANTS TORTUE

Iront toujours AU PAS (--> MARCHER)

JAMAIS
VOIR
IMPOSSIBLE
TORTUE
COURIR
RAT-SOURIS
PAPA
MAMAN
ENFANT
MARCHER

- Tu AIMES le BAIN ?
- C'est trop CHAUD
- Tu JOUES dans le BAIN
- C'est FINI !
- L'EAU est FROIDE

bébé au bain

Ça flotte, ça coule !

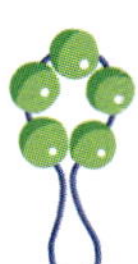

Avec un petit bateau, on le glisse sous l'eau comme un sous-marin.

- Quand il sort de l'eau, on dit « brrrrr »
- Quand il coule, on dit « pffff »

SIGNES

CHAUD

FROID

JOUER

EAU

BATEAU

CANARD

MOUSSE, MOUSSE

MOUSSE, MOUSSE dans le BAIN
MOUSSE, MOUSSE le SHAMPOING
MOUSSE, MOUSSE le SAVON
MOUSSE, MOUSSE, ÇA SENT BON !

MOUSSE
BAIN
SIGNES
SHAMPOING
SAVON
ÇA SENT BON

Quand bébé est nourrisson, il se manifeste parfois, en fin de journée par des pleurs. Quand bébé est un peu plus grand, il pleure aussi parfois.

On cherche alors à connaître et à comprendre son chagrin :

- QU'EST-CE QU'IL Y A, mon bébé ? (=> QUOI)
- Tu PLEURES ?
- Tu as BESOIN de quelque chose ? (=> VOULOIR)
- Tu as FAIM ?
- Tu AS MAL quelque part ?

bébé pleure

Où est ton sourire ?

Quand bébé pleure, lui dire :

- Tu as perdu ton sourire ?

Ensuite, on regarde dans son dos, sous son bras, sous son pull, dans sa poche... jusqu'à ce que bébé arrête de pleurer.

- Il est où, ton sourire ? là ? ... non... là ?

PROFITER DES MOMENTS PROPICES ... bébé pleure

QUOI ?

AVOIR MAL

SIGNES

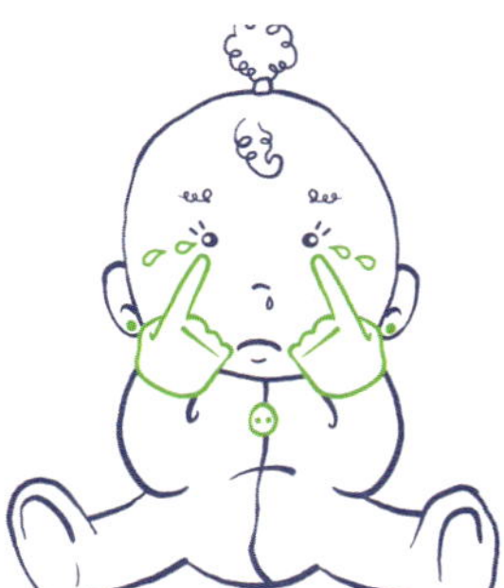

PLEURER

VOULOIR

UNE FOURMI

Une FOURMI
M'a PIQUÉ LA MAIN
La COQUINE, la COQUINE !
Une FOURMI
M'a PIQUÉ LA MAIN
La COQUINE,
Elle avait FAIM !

SIGNES

FOURMI

PIQUER LA MAIN

COQUINE

FAIM

- Allez VIENS, on va faire DODO
- On va dire BONNE NUIT à PAPA
- Bisou à PAPA, bisou à MAMAN, ...
- Calin puis AU REVOIR
- On ÉTEINT LA LUMIÈRE
- Tu veux ton DOUDOU ?
- Bonne nuit, JE T'AIME
- Tu veux de la MUSIQUE

bébé s'endort

Petits pieds ...

Petits pieds, petits pieds,
Vous avez bien marché !
Faîtes pédaler les pieds de bébé
Petits pieds, petits pieds
Vous avez gagné !
Faîtes applaudir les pieds
Petits pieds, petits pieds,
Vous avez bien joué !
Chatouillez la plante des pieds
Petits pieds, petits pieds,
Vous allez vous coucher !
Caressez, câlinez les pieds
Petits pieds, petits pieds,
Mais avant, je vais vous embrasser !
Embrassez les pieds bien fatigués

SIGNES

BONNE

NUIT

LUMIÈRE

MUSIQUE

VENIR

AU REVOIR

DOUCEMENT, DOUCEMENT

Doucement, doucement
Doucement s'en va le jour (=> nuit)
Doucement, doucement
À pas de velours.

DOUCEMENT

SIGNES

NUIT

MARCHER AU PAS DE VELOURS

SIGNES POUR BÉBÉ

1 *mot*

2 *signe de la LSF*

3 *explications du signe*

4 *configuration(s) : disposition des doigts*

5 *main immobile : main non-dominante* ●

6 *ce symbole ‡ sépare la main gauche de la main droite*

7 *main mobile : main dominante (la main gauche pour un gaucher, la main droite pour un droitier)*

8 *la flèche indique que la main passe d'une configuration à l'autre*

1 **SORTIR**

3 On dégage la main de l'autre main immobile, en refermant les doigts.

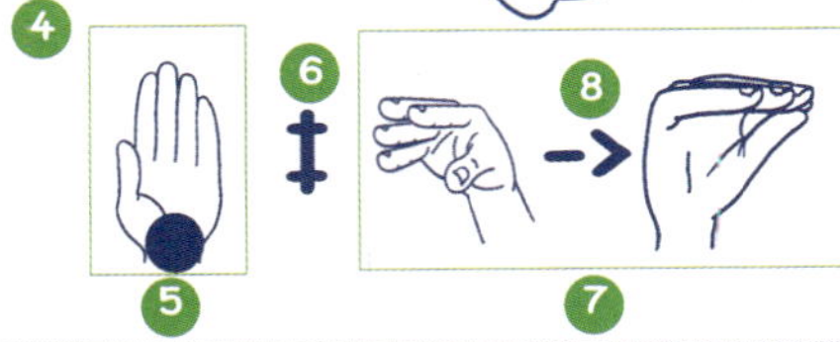

DROITIER - GAUCHER ?

On peut signer indifféremment de la main gauche ou de la main droite.

La main non-dominante, est celle qui est inactive : elle ne fait pas de mouvement.

SIGNES

POUR

BEBE

« N'oublie pas de t'émerveiller. »

AIMER

On fait glisser la main sur la poitrine vers le haut en souriant comme si on offrait son cœur.

ARBRE

On soutient le coude du bras et la main pivote.

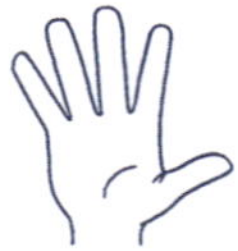

S'ASSOIR

On pose les deux doigts sur le dos de la main.

ATTENDRE

On rabat les doigts vers la paume, deux fois.

AU REVOIR

On rabat les quatre doigts vers la paume, deux fois.

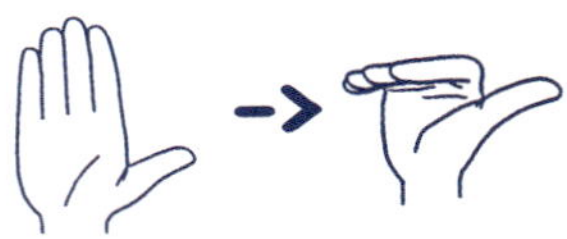

AVION

On bouge la main pour imiter l'avion qui vole.

AVOIR MAL

On fait tourner
les pouces l'un
autour de l'autre,
comme un moulin.

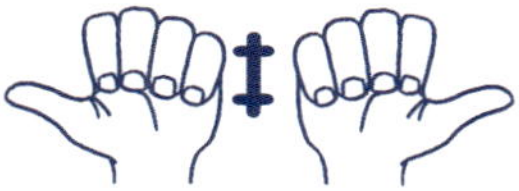

BAIN

On se frotte
les deux mains
contre la poitrine
haut-bas.

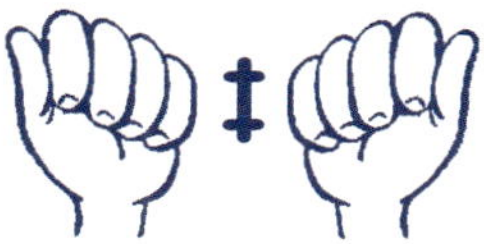

BALLON

On fait comme si
on tenait le ballon
à deux mains.

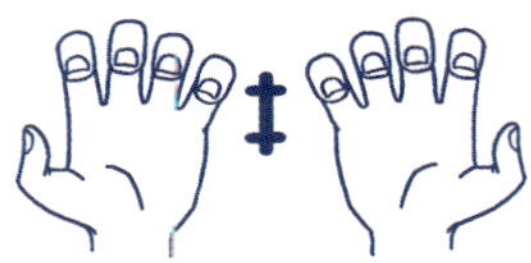

BANANE

On écarte les
mains en refermant
les doigts.

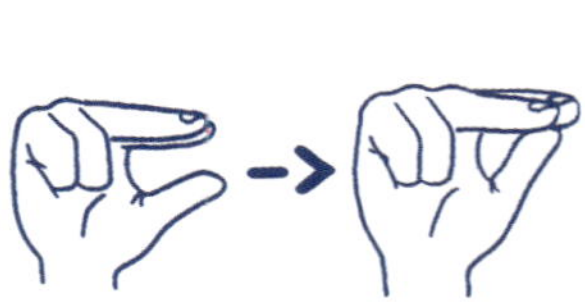

BATEAU

On fait toucher
les pointes des
doigts des mains
et on fait tanguer.

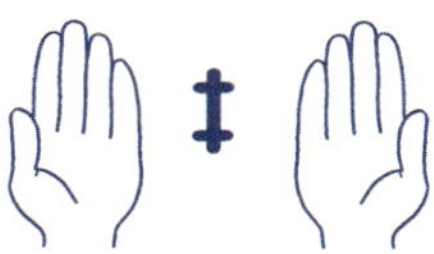

BEAU

On fait comme
si on caressait
le menton, une fois.

BÉBÉ

On fait comme si
on avait un bébé
dans les bras et
on le berce.

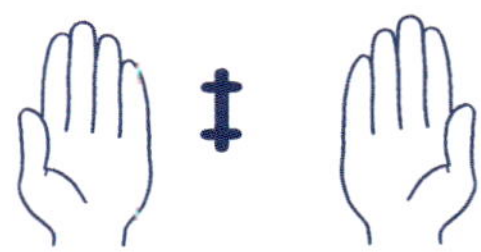

BIBERON

On mime
l'action de donner
le biberon avec
le pouce.

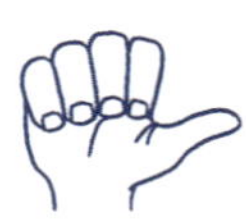

BIEN

On écarte les
doigts devant
la bouche.

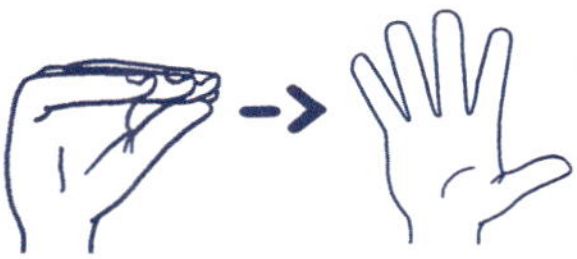

BISOU

Le bout des doigts
réunis se pose
sur la joue.

BOIRE

On mime
l'action
de boire.

C'EST BON

On glisse la main vers
le bas de la poitrine.

C'est le mouvement
inverse de AIMER.

De plus, si l'expression
du visage est négatif,
le sens est différent :

NE PAS AIMER

BON APPÉTIT

On tape
sur la paume
avec l'autre main.

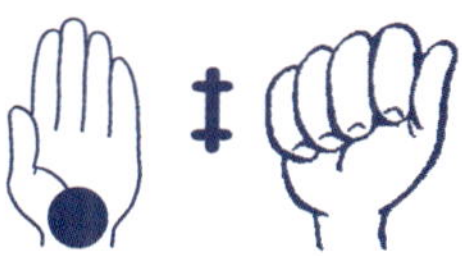

BONBON

On touche
deux fois
le bout de l'index
sur la bouche.

BONJOUR

On écarte
la main de la bouche
vers l'avant,
comme pour saluer.

BONNE NUIT

On enchaîne
2 signes :
BON et NUIT.

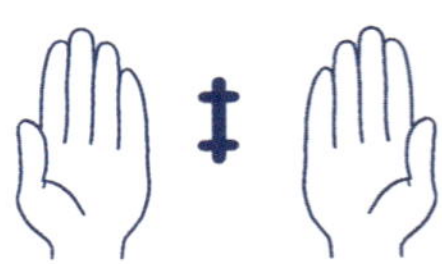

BRAVO

On fait pivoter
les deux mains
ensemble.

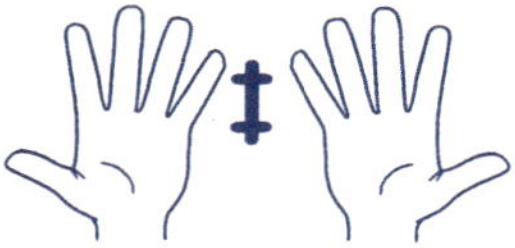

CACA

On fait toucher
le bout de l'index
sur le cou,
deux fois.

CACHER

On met
la tranche
de la main
sur l'autre.

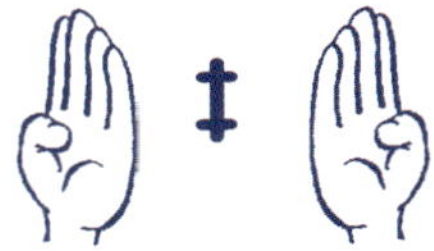

CALIN

On remonte
la main
sur la joue.

CANARD

On imite le bec :
ouvert-fermé.

CHANGER

L'ensemble
des deux mains
pivote.

CHANTER

On éloigne
la main
de la bouche
en agitant
les doigts.

CHAT

On commence
au bord de la bouche
et
on s'en éloigne
en ouvrant
les trois doigts.

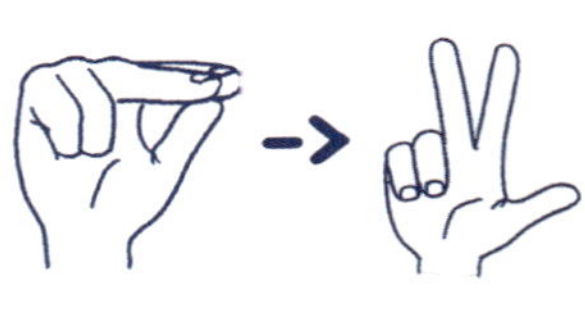

CHAUD

On écarte
la main
de la bouche
comme si l'air
sortait de là.

CHERCHER

On fait
un petit cercle
devant le nez.

CHIEN

On agite
haut-bas
la main
sans déplacer
le poignet.

CHOCOLAT

On frotte les deux
doigts sur l'autre
main en U.

COCCINELLE

On déplace
la main trois fois
sur le dos de
l'autre main
pour symboliser
les points.

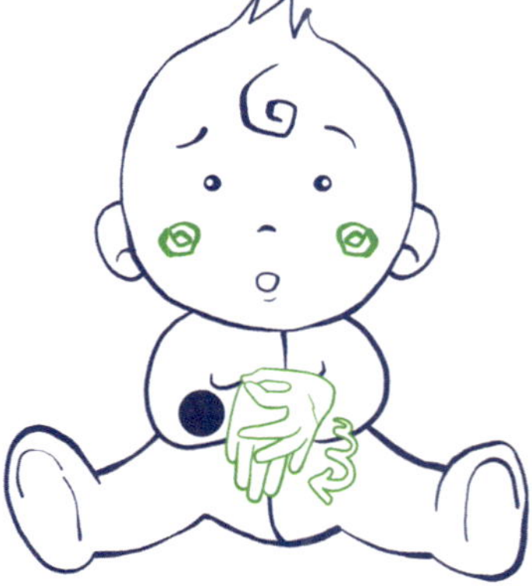

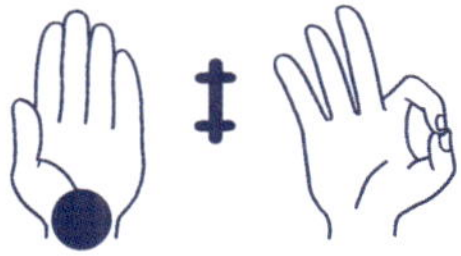

COMPOTE

On imite le pot
qu'on tient et
on fait le mouvement
de la cuillère à
la bouche.

CONTENT

On fait
un cercle
sur la poitrine
et
on sourit.

COUCHE

On met
une main devant,
l'autre main
théoriquement devrait
être dans le dos mais
on se borne à la
mettre sur le côté.

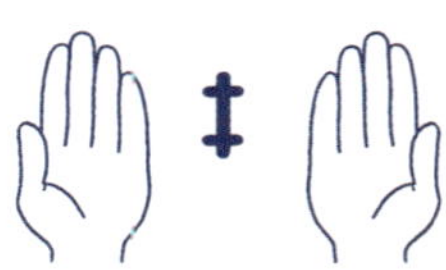

CRÈCHE

On agite
les doigts
au-dessous
de la main.
Cela symbolise les
enfants qui s'agitent.

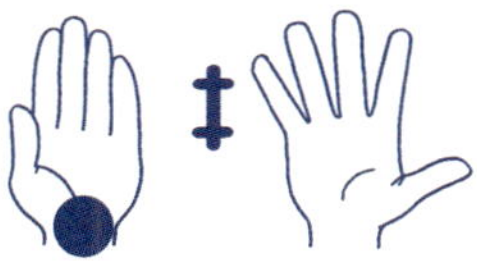

DANSER

On fait
des va-et-vient
latéralement
au dessus de la
paume immobile.

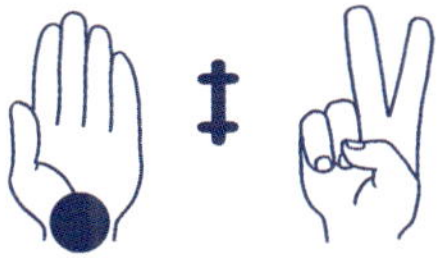

DEBOUT

On pose
les deux doigts
sur la paume.

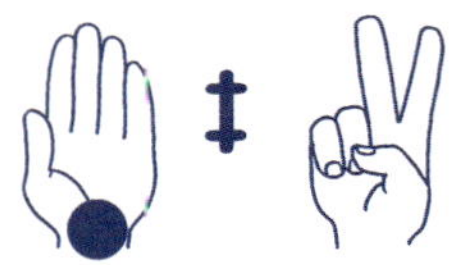

DORMIR

On met la main sur la joue et le pouce sous le menton.

DOUDOU

On met la main
devant la bouche.
Selon les doudous,
les signes peuvent
varier.

DOUX

On caresse
le dos
de la main.

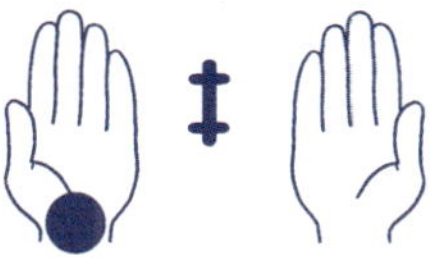

EAU

On plie
juste
le bout de
l'index,
deux fois.

ÉCHARPE DE PORTAGE

On croise les mains
sur les épaules
puis
chaque main
rejoint la taille.

ÉCOUTER

On pose
le C sur l'oreille.

Si le bébé est sourd,
on pose le C sur l'œil :
il écoute avec les yeux.

ÉLÉPHANT

On balance
la main
devant le visage
qui symbolise
la trompe.

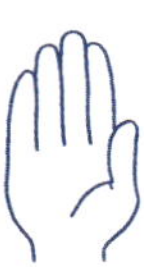

EN COLÈRE

On fait semblant de
griffer la poitrine,
les deux mains
en même temps
et vers le haut,
et on fronce
les sourcils.

ENCORE

On tape
deux fois
sur la paume.

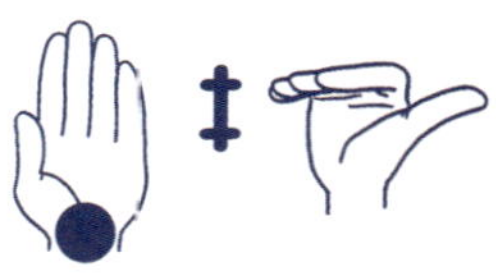

ENFANT

On fait deux
petits mouvements
haut-bas
en gardant
les bouts
des doigts
ensemble.

ESCARGOT

On glisse
la main sur le dos
de l'autre main
jusqu'à l'avant-bras.

FAIM

On glisse
vers le bas le C
plaqué contre
la poitrine
depuis le cou.

FATIGUÉ

On glisse
l'une après l'autre
la main
sur la poitrine
vers le bas,
deux fois.

Peut se faire avec les doigts écartés ou non.

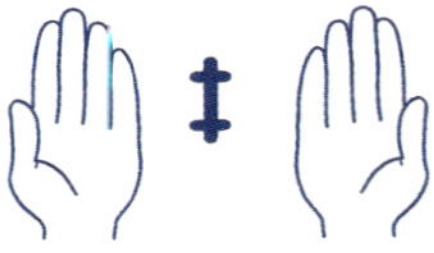

FILLE

On pose
l'index
contre la joue et
on le fait glisser.

FINI

On garde les paumes
des mains orientées
vers soi et on fait
pivoter les mains
de manière à avoir
les doigts pointés
vers le bas.

FLEUR

On écarte
les doigts dès
qu'on séloigne
du nez,
une fois.

FOURCHETTE

On pique
deux fois
les deux doigts
sur la paume
de la main.

FOURMI

On imite
les mouvements
des pattes
de la fourmi
en agitant les doigts.

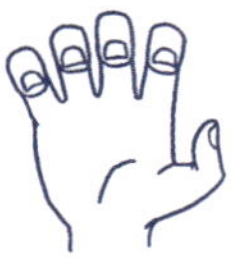

FROID

On fait un
mouvement latéral
devant la bouche en
gardant les doigts
joints et en gardant
les lèvres serrées.

GARÇON

On fait
un « trait »
sur le front
avec
le pouce.

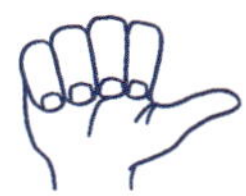

GÂTEAU

On fait
deux petites
tapes
sur la joue.

GENTIL

On glisse
la main
sur
la joue.

IL N'Y A PAS

On garde les pouces
sur les index et doigts
écartés pour faire
deux petits cercles
devant la poitrine,
accompagnés de
l'expression du visage.

IMPOSSIBLE

On pose
le pouce
sur le menton
et on agite
les doigts.

JAMAIS

On garde la paume
de la main orientée
vers le bas et
on fait un mouvement
latéral vers
l'extérieur du corps.

JARDIN
PARC

On tape
deux fois
sur la tranche des
deux mains,
paumes orientées
vers le haut.

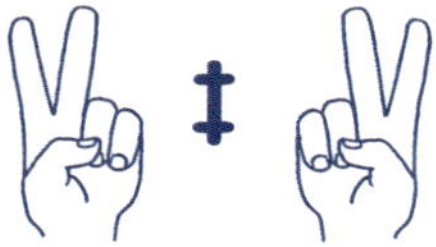

JOUER

On garde
les mains avec
les paumes orientées
vers soi
en faisant
deux cercles.

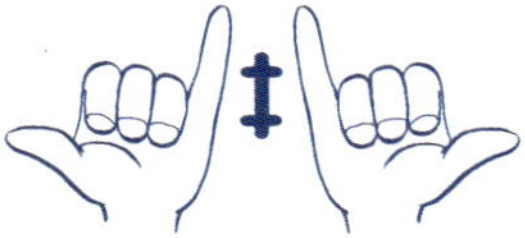

LAIT

On tient l'index de l'autre main et on s'en dégage en glissant.

LAPIN

On met les paumes orientée vers l'arrière, de chaque côté de la tempe puis on bascule les deux doigts vers l'arrière deux fois pour symboliser les oreilles du lapin.

LIVRE

On ouvre
les mains
en gardant les
tranches jointes
comme
un livre.

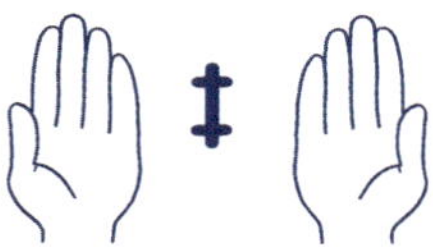

LOUP

On symbolise
la gueule du loup
en éloignant la main
de la tête
et
en refermant
les doigts.

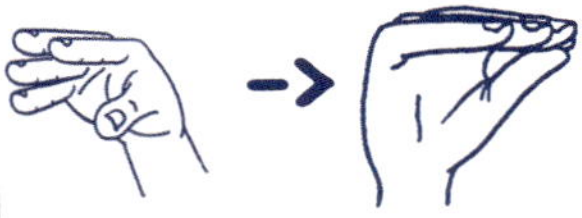

LUMIÈRE

On écarte
les doigts :
la lumière s'allume.
Inversement,
on referme la main :
la lumière s'éteint.

MAISON

On symbolise
le toit
en joignant
les bouts des doigts.

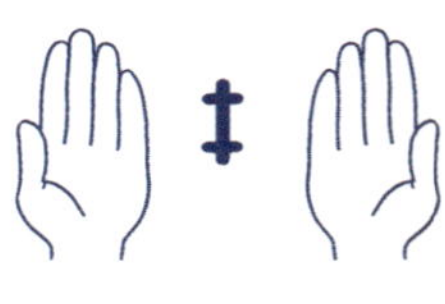

MAMAN

On fait toucher
la tranche de la
main entre la taille
et la poitrine,
deux fois.

Il existe de nombreux
signes selon la région.

MAMI

On enchaîne
les deux signes :
VIEUX-MAMAN.

Il existe de
nombreux signes.

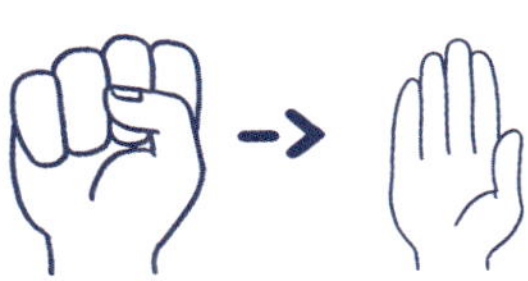

MANGER

On fait
le mouvement
de manger
en pointant la main
avec les doigts joints
vers la bouche,
deux fois.

MARCHER

On alterne
le mouvement
de la marche
en basculant
les index
avant-arrière
sans avancer
les mains.

MATIN

On lève
la main
ce qui montre
le soleil qui se lève.

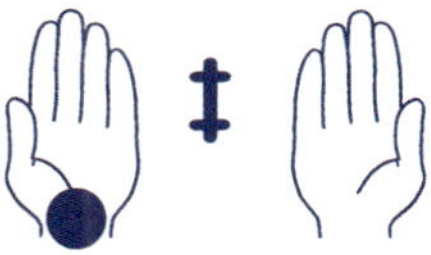

MERCI

On écarte
la main
de la bouche
vers le bas.

MOUSSE

On descend les mains ensemble, les paumes vers soi, une fois.

On garde les paumes vers le sol et on fait des petits cercles.

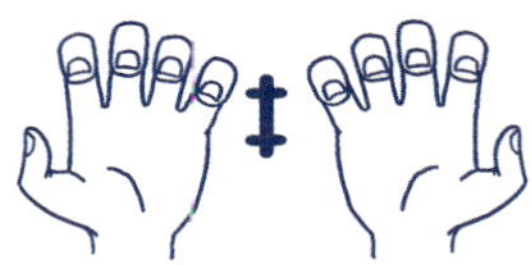

MUSIQUE

On imite le chef d'orchestre avec les index.

NON

On fait
un mouvement
latéral
avec
l'index.

NOUNOU

On tape
deux fois
sur le poignet
en gardant
les doigts joints.

NUIT

On descend
les mains ensemble,
les paumes
vers soi,
une fois.

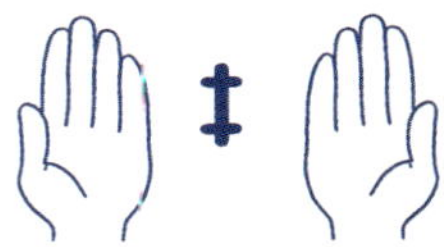

OISEAU

On imite son bec
en ouvrant
et refermant
index-pouce
devant la bouche.

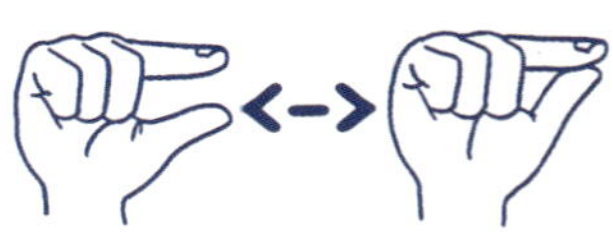

OÙ

On garde
les doigts joints
vers le haut pour
faire le mouvement
latéralement
accompagné
d'un regard
interrogateur.

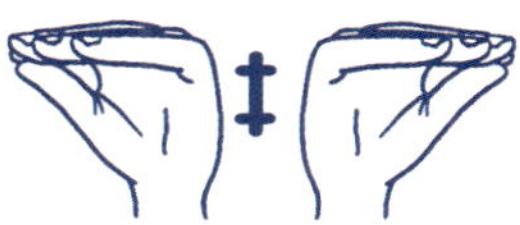

OUI

On bascule
le poignet
vers l'avant
en gardant l'index
sur le pouce
et
doigts écartés.

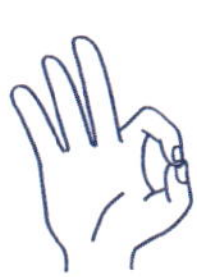

OURS

On symbolise
les oreilles
de l'animal
en posant
les doigts
sur la tête.

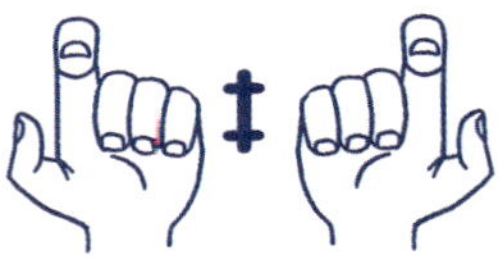

PAIN

On fait semblant
de trancher
le dos de la main,
deux fois.

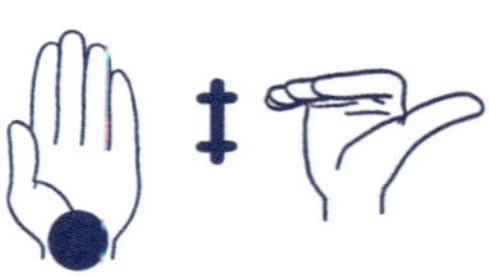

PAPA

On ouvre et referme
l'index sur le pouce,
deux fois mais
sur le côté de la
bouche pour ne pas
confondre avec le
signe de l'oiseau.
PÈRE : une fois.

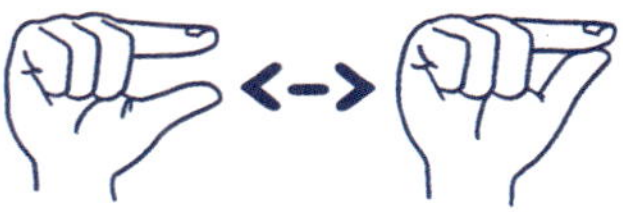

PAPI

On associe
VIEUX puis PÈRE.

Il existe de
nombreuses
variantes du signe
selon la région.

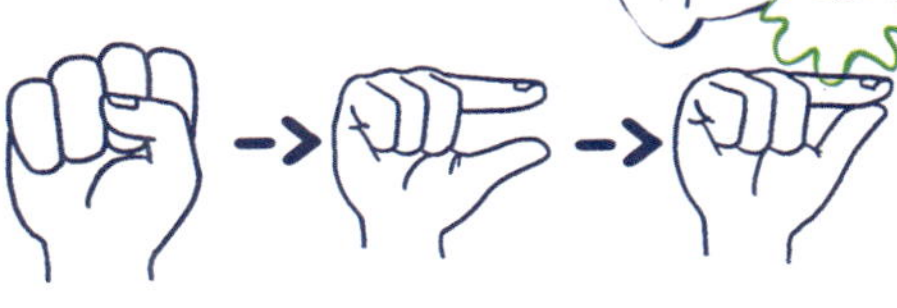

PAPILLON

On relie
les deux mains,
paumes vers soi
et on agite
“les ailes“.
Possible d’écarter
les doigts

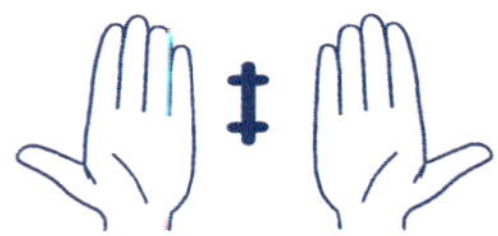

PARDON

On fait
deux petits
cercles
sur la paume.

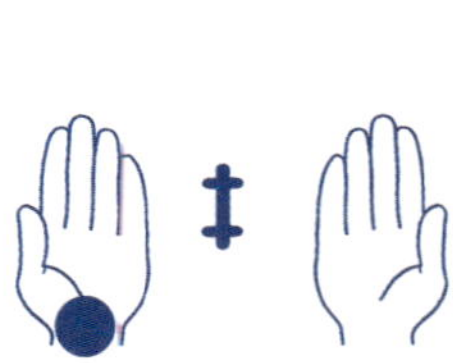

PARTIR

On fait toucher
l'index
sur le pouce
à la fin
du mouvement.

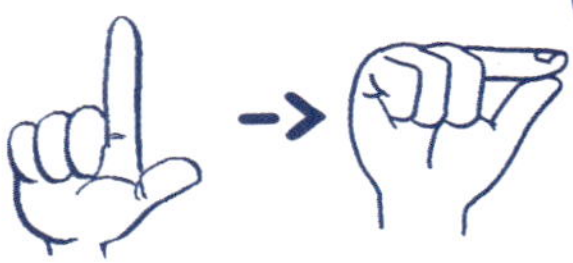

PÂTES

On fait semblant
d'aspirer l'index
vers la bouche,
deux fois.

PEUR

On tape
deux fois
sur la poitrine,
doigts écartés
avec une expression
du visage.

PIPI

On tape
deux fois
le pouce sur
la poitrine.

PLEURER

On trace
les larmes
qui coulent
avec les index.

Il existe d'autres
signes.

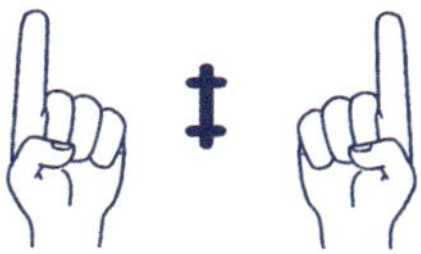

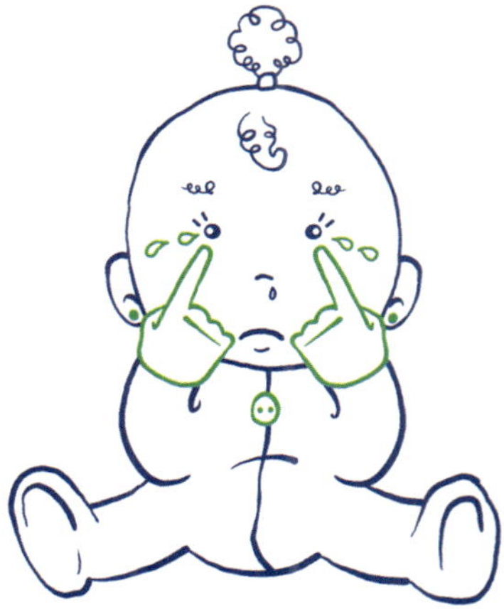

PLUIE

On fait
le mouvement
haut-bas
en gardant les
paumes
orientées vers le bas.

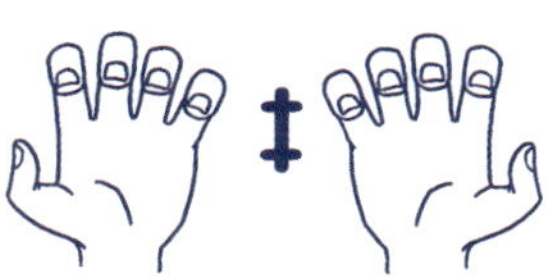

POISSON

On ondule
la main
comme si
un poisson
passait devant soi.

POMME

On fait
deux petites
tapes sur la joue.

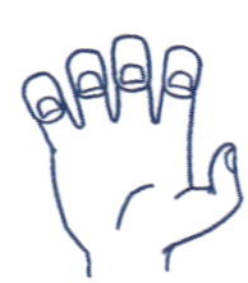

POT

On garde
les paumes
face à face :
symbolise le pot
qu'on tient.

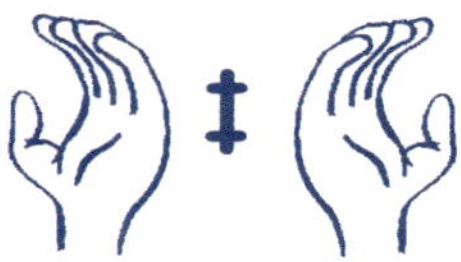

POULE

On lève
les coudes
deux fois.

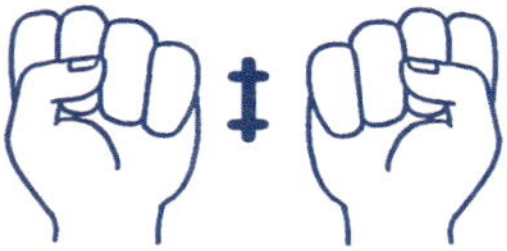

POUPÉE

On pose
le coude
sur la main
et
on pivote
la main.

POUSSETTE

On mime
la poussette
qu'on fait rouler.

PURÉE

On mime
le mouvement
d'écraser les légumes,
paume contre paume.

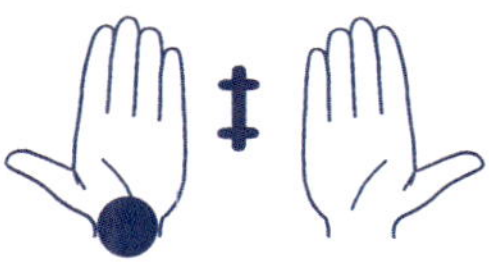

PYJAMA

On met
la tranche de la
main sur le front
en glissant vers le
haut, deux fois.

QUOI

On bouge latéralement les paumes vers le haut, doigts écartés avec un regard interrogateur.

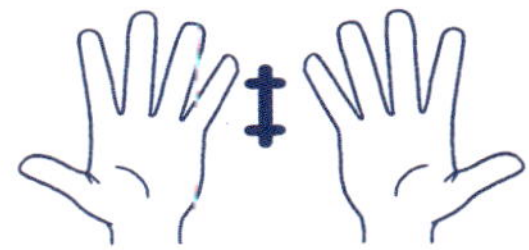

REGARDER

On dégage les doigts des yeux.

REPU

On met la main
sous le cou
avec expression
du visage indiquant
qu'on est rassasié.

RÊVER

On fait
des petits cercles
au-dessus de
la tempe.

SAVON

On fait le mouvement de frotter la joue.

SE DÉSHABILLER

On plie les doigts ensemble en se dégageant du corps.

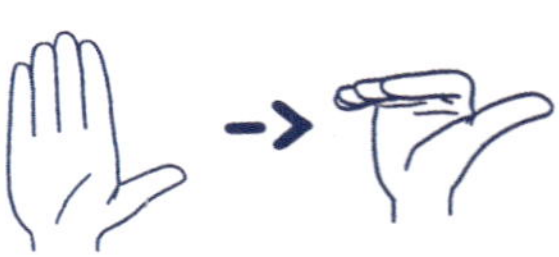

SE LAVER

On fait
des cercles
devant
le visage.

SE PROMENER

On pose
les pouces sur
les épaules et on
agite les doigts.

Il existe d'autres
variantes signées.

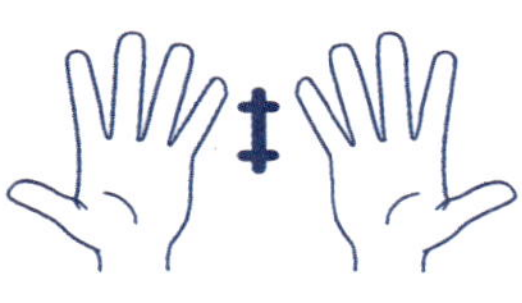

SE REPOSER

On croise
les deux doigts
et les mains
pour les poser
sur les épaules.

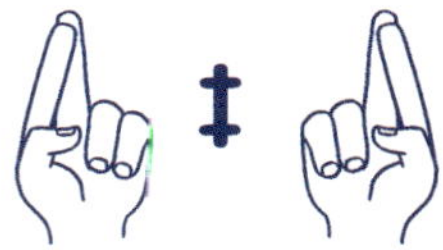

SE RÉVEILLER

On écarte
les index
des pouces
devant les yeux.

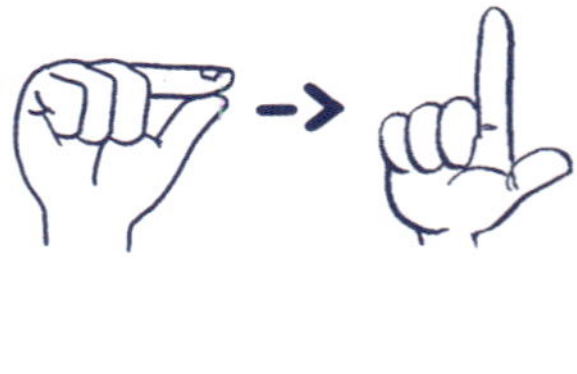

SENTIR

On touche
le bout
du nez
avec
l'index.

SERVIETTE DE TABLE

On fait
deux petits
cercles devant
la bouche.

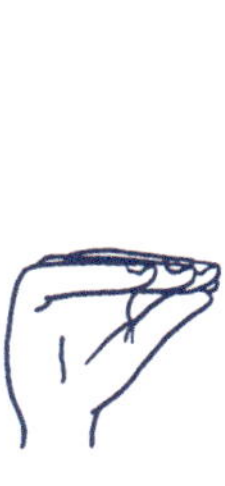

SERVIETTE DE TOILETTE, S'ESSUYER

On mime l'action de s'essuyer le dos.

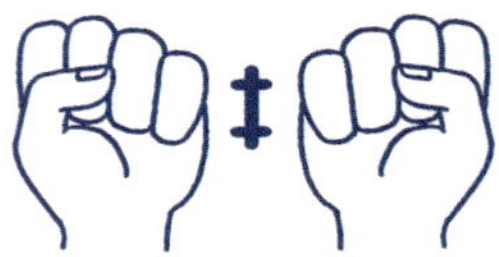

S'HABILLER

On ramène les mains, doigts joints vers le milieu de la poitrine.

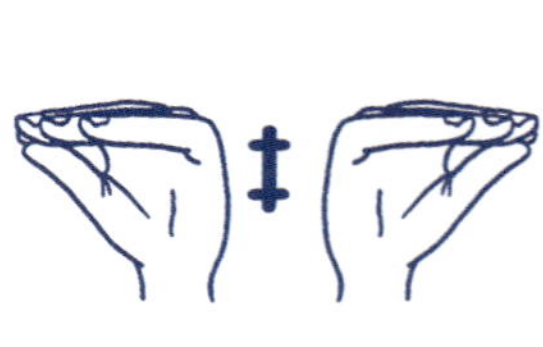

SHAMPOING

On fait
deux cercles
avec
les deux mains
ensemble
au-dessous de la tête.

SIGNER

On garde
les mains face à face,
doigts écartés,
et on alterne
les mouvements
de pédales de vélo,
vers l'avant.

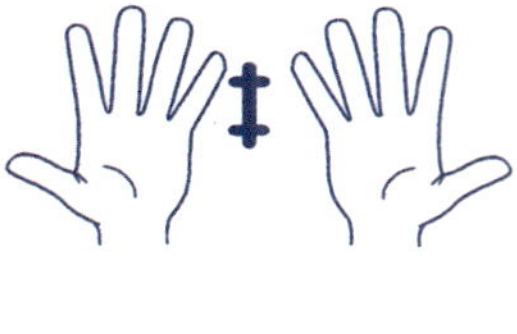

S'IL TE PLAÎT

On glisse
la tranche
de la main
sur la joue.

SOIR

On descend
la main
le long du dos de
l'autre main,
une fois.

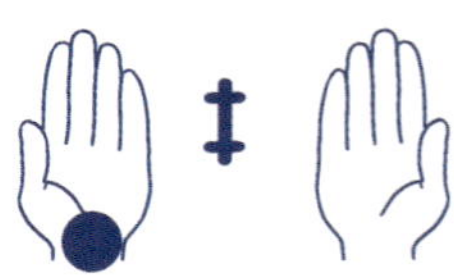

SOLEIL

On pivote la main
à la hauteur
de la tempe
ce qui symbolise
le soleil qui chauffe.

SORTIR

On pose la main
active sur le dos
de l'autre main
immobile, et on
l'éloigne en refermant
les doigts.

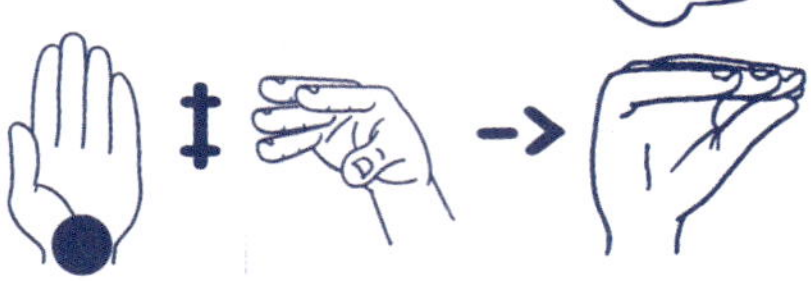

SOURIS

On garde
les doigts croisés
en glissant
sur le dos de
l'autre main.

TÉTER

On ouvre et ferme
les doigts,
paume vers la poitrine,
deux fois qui
font penser aux
mouvements
de succion.

TORTUE

On couvre
la main de l'autre
en laissant
le pouce dégagé.

TRAIN

On fait
deux petits
cercles,
paume
devant la jaue.

TRISTE

On descend
la main
devant le visage
avec une mimique
adéquate.

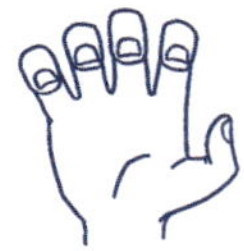

TROUVER

On garde
les index
sur les pouces,
paumes vers le bas
et
on retourne les mains,
paumes vers le haut.

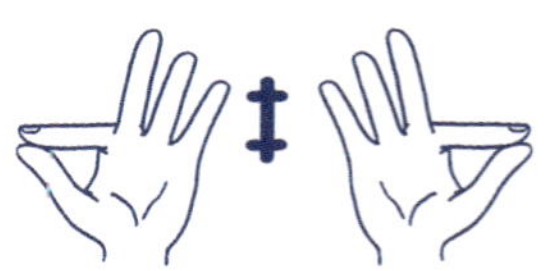

VACHE

On pose
les pouces
sur la tête
pour symboliser
les cornes.

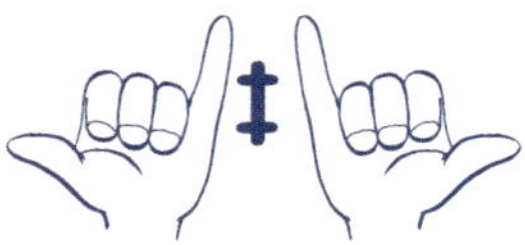

VENIR

On ramène
l'index
vers soi.

VITE

On glisse
sous le menton,
une fois.

VOITURE

On mime
le mouvemement
du volant.

VOULOIR

On garde les mains
avec les paumes
orientées
vers le haut,
et on fait un mouvement
vers le bas,
les deux mains
ensemble.

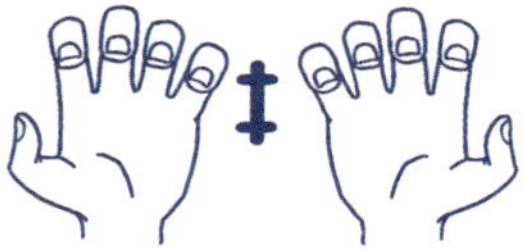

YAOURT

On tape
deux fois
la main du dessus
sur l'autre.

Témoignages

Marc, papa de Sophie-Marie :

« Un apprentissage en famille très riche et ma participation qui ouvre au dialogue. »

Klervi, maman de Elouan et Hugues

« Une expérience très enrichissante, pour toute la famille, et qui a permis à Elouan de passer au-dessus de sa frustration du langage. Plus de cris pour se faire comprendre. Objectif atteint ! »

Erwan, papa de Malo, Owen et Eliot

« Une vraie découverte à 2 d'abord, puis à 3, 4 et 5 après quelques séances, un plus pour notre vie de famille de tous les jours. C'est que du bonheur ! »

Vous avez la possibilité de participer à des ateliers, six séances d'une heure, de bébés signeurs organisés par des animatrices formées à ce concept, récent en France et en plein développement.

Une bonne façon de découvrir de nouveaux signes et des comptines en compagnie de bébé et d'autres familles.

en savoir plus

LIRE

- **Petites pensées à l'endroit** *de Aline de Pétigny*
  Éditions pour penser
- **101 comptines à mimer et à jouer**
  Éditions Bayar Jeunesse
- **Comptines de jeux doigts** *de Rémi*
  Éditions Nathan
- **Comptines d'animaux** *de Marion Billet*
  Éditions Lito
- **Diabolo** *de Mick Inkpen*
  Éditions Quatre Fleuves
- **Les livres des Bébés** *de Emiri Hayashi*
  Éditions Petit Nathan
- **Pop mange de toutes les couleurs** *de Bisinski Sanders*
  Éditions L'Ecole des Loisirs

SURFER

- http://comptine.free.fr
- www.comptines.net
- www.comptine-enfants.com
- www.comptine.biz

ÉDITIONS MONICA COMPANYS

* *Imagier* **Manger**
* *Imagier* **Dormir**
* *Imagier* **Se laver**
* *Imagier* **Jouer**
* *Imagier* **Sortir**
* *Imagier* **Aimer**
* *Dictionnaire* **Un animal ... des animaux**
* *Dictionnaire* **Bon appétit**
* *Imagier* **Bébé Signe**
* *Livre et dvd* **Signe avec moi**
* *Conte* **La Sorcière Canimo**
* *Cont* **La Fée Cinoam**
* *Conte* **Timy est sourd**
* *Dictionnaire* **Dis le avec tes mains**
* *Affiches, cartes, tapis de souris,* ...

www.monica-companys.com
20 rue du Soleil Levant - 49140 Villevêque